REGLEMENT
POUR LE SERVICE
DE LA
GARDE-COSTE.

A PARIS,

DE L'IMPRIMERIE ROYALE.

M. DCCXVI.

REGLEMENT

*QUE LE ROY DE L'AVIS DE SON
tres cher & tres amé Oncle le Duc d'Orleans
Regent, Veut estre observé à l'avenir pour le service
de la Garde-Coste.*

TITRE PREMIER.

Des Officiers Garde-Costes.

ARTICLE PREMIER.

IL y aura dans chaque Capitainerie un Capitaine, un Major
& un Lieutenant.

II.

Ces Officiers Garde-Costes seront pourveûs par Sa Majesté,
& sur leurs Commissions ils prendront l'attache de l'Amiral
de France devant qui ils presteront serment, ou devant ses Lieutenans aux Sieges d'Amirauté, dans le détroit desquels ils seront

establis, & y feront enregistrer leurs Commissions ; Et jusques à ce que ses Capitaines desdites Capitaineries soient pourveûs, les Capitaines & autres Officiers des Compagnies franches de Milices Garde-Costes, Ensemble ceux des Compagnies de Parroisses continuëront à faire les fonctions de leurs Emplois, & veilleront à la discipline desdites Compagnies, ainsi qu'ils faisoient avant la suppression des Offices de la Garde-Coste.

III.

IL y aura dans l'étenduë de chaque Capitainerie un ou plusieurs Clercs du Guet, selon l'étenduë de ladite Capitainerie, qui seront commis par l'Amiral ou ses Lieutenans, tant pour avertir les Habitans de se trouver aux Reveuës & de monter la Garde, que pour tenir Registre des deffaillants.

IV.

LES Capitaines des Capitaineries Garde-Costes auront rang de Capitaines d'Infanterie, & en cas que dans le service ils ayent eu un grade plus considerable, il leur sera donné le mesme par leurs Commissions ; A l'égard du Major, il aura aussi rang de Capitaine d'Infanterie, & le Lieutenant celuy de Lieutenant d'Infanterie.

V.

LESDITS Officiers Garde-Costes seront exempts de tutelle, curatelle, nomination à icelle & autres charges de Ville, & ce service leur tiendra lieu de celuy qu'ils pourroient rendre dans les Armées, de mesme qu'au Ban & arriere-Ban dont ils seront exempts, Et pourront meriter dans les occasions d'estre reçeus dans l'Ordre de Saint Loüis. Pourront tous lesdits Officiers Garde-Costes durant la guerre demander & obtenir des Lettres d'Estat comme s'ils servoient dans les Armées.

TITRE II.

Des Capitaines des Capitaineries Garde-Costes.

ARTICLE PREMIER.

CHAQUE Capitaine Garde-Coste s'appliquera à acquerir une parfaite connoissance de sa Capitainerie dans toute son étenduë, tant par rapport aux Parroisses qu'elle contient, leur situation, leur distance & les chemins qui conduisent de l'une à l'autre, qu'au nombre & à la qualité des Habitans de chaque Parroisse ; de mesme que de la nature & de l'étenduë des Costes qu'ils auront à deffendre, & des lieux où ils jugeront à propos de placer des retranchemens & des batteries en temps de guerre, afin d'en pouvoir rendre compte toutes les fois qu'on le leur demandera.

II.

LES Capitaines Garde-Costes feront faire un Rolle general de tous les Habitans depuis l'âge de 18. ans jusques à 60. (sans qu'aucun Matelot y puisse estre compris) pour servir au Guet & Garde de la Coste, & de ce Rolle ils en tireront le nombre qui sera jugé necessaire pour en former les Compagnies detachées ; mais cette disposition ne pourra avoir lieu qu'aprés avoir esté approuvé par le Gouverneur general ou Commandant de la Province.

III.

ILS s'informeront des Gentilshommes de la Capitainerie ou autres vivant noblement, & faisant profession des armes, & qui demanderont à Commander les Compagnies ou à remplir les places de Lieutenans & d'Enseignes ; Ils choisiront les meilleurs sujets à qui ils donneront leur Commission, qui en sera néantmoins valable qu'aprés qu'elle aura esté visée par le Gouverneur ou Commandant general de la Province.

IV.

En temps de paix les Capitaines Garde-Coſtes feront la montre & Reveuë des Habitans qui ſont dans l'étenduë de leur Capitainerie deux fois l'année ; Sçavoir, le premier jour de May & l'une des Feſtes du commencement de Novembre : Elle ſe fera dans le lieu qu'ils jugeront le plus convenable ; Ils auront ſoin d'en avertir huit jours auparavant les Officiers d'Amirauté en preſence de qui cette reveuë doit eſtre faite, & qui en doivent garder le Controlle dans leur Greffe : Il ne ſera point fait d'autre Reveuë generale durant l'année ; mais Sa Majeſté deſire ſeulement que chaque Capitaine faſſe trois fois l'année la viſite de chacune des Parroiſſes de ſa Capitainerie.

V.

Dans ces viſites ils aſſembleront les Capitaines, Lieutenans & Enſeignes, pour ſçavoir d'eux l'eſtat de leurs Compagnies & du nombre des hommes dont chacune ſera compoſée, auſſi-bien que des armes dont ils ſeront armez, dont ils dreſſeront des Eſtats avec ces Officiers ſeulement, & ſans détourner les Habitans de leur ouvrage ; Ces viſites ſeront pourtant annoncées au Prône quelques jours auparavant, & on ſonnera la cloche lorſqu'elles commenceront, afin que les Habitans qui auront des plaintes à faire contre leurs Officiers puiſſent venir les faire librement aux Capitaines Garde-Coſtes, qui pourront par proviſion interdire ceux qui ſe trouveront en faute, & en rendront compte aux Gouverneurs generaux ou Commandans des Provinces pour recevoir leurs ordres.

VI.

Ils examineront ces Officiers pour voir s'ils ſçavent faire l'Exercice, & s'ils ſont capables de le montrer aux autres ; ils le leur feront faire en leur preſence, & leur donneront les inſtructions dont ils auront beſoin.

VII.

En cas que les Milices de plusieurs Capitaineries soient obligées de s'assembler, le plus ancien Capitaine Garde-Coste commandera suivant le grade dont il sera revêtu, Et si leurs Commissions sont de même date, celuy qui aura servi dans les Troupes commandera.

VIII.

Les Capitaines Garde-Costes ne pourront dans l'étenduë de leurs Capitaineries ni ailleurs, ordonner de leur autorité aucune imposition, charroy ni corvées aux Villages & Parroisses, qu'avec le consentement des Officiers generaux ou particuliers de la Province qui sont en droit & en usage d'en ordonner; Pourront toutes fois dans les necessitez urgentes ordonner ce qui sera absolument necessaire pour le service, à condition d'envoyer sur le champ ausdits Officiers generaux ou particuliers copie de l'ordre qu'ils auront esté obligez de donner, & un Memoire des raisons qu'ils auront eu de le faire, sous peine pour ceux qui l'auront donné d'en demeurer responsables en leur propre & privé nom, s'ils se trouvoient l'avoir donné mal à propos.

IX.

Aucun Officier de la Garde-Coste ne pourra donner d'exemption de service pour quelque cause que ce puisse estre à aucun Habitant, non plus qu'à ceux qui auront esté une fois reçeûs & incorporez dans les Compagnies; Et ceux qui en demanderont seront obligez de se pourvoir pardevant le Gouverneur ou Commandant de la Province.

X.

Ils prendront les ordres du Commandant dans la Province pour le temps & les lieux de l'Exercice des Compagnies, en observant que les Soldats desdites Compagnies puissent y venir & retourner chez eux dans l'espace d'un demi jour; Et lorsque le temps & les lieux auront esté reglez, ils tiendront la main à ce que lesdites assemblées se fassent regulierement, & seront tenus d'y assister.

TITRE III.

Des Majors & Lieutenans des Capitaineries Garde-Costes.

ARTICLE PREMIER.

CES Officiers seront obligez de se trouver aux Reveuës & Exercices des Compagnies de leurs Capitaineries, & auront soin en temps de guerre que les Gardes soient regulierement montées, dont ils rendront compte au Capitaine de la Capitainerie.

II.

LE Major commandera dans la Capitainerie en l'absence du Capitaine, Et le Lieutenant au deffaut de tous les deux.

TITRE IV.

Des Capitaines des Compagnies.

ARTICLE PREMIER.

CHAQUE Capitaine de Compagnie tiendra la main à ce que la discipline soit bien observée, & que les armes de ses Soldats soient en bon état ; Il rendra compte au Capitaine Garde-Coste de l'état où il les aura trouvées & de ceux qui en manqueront, afin qu'il y soit pourveû.

II.

LE Capitaine de Compagnie detachée qui sera Gentilhomme, commandera les autres Capitaines qui ne le seront point ; Entre deux Gentilshommes celuy qui aura servi dans les Troupes commandera, & entre les Capitaines qui ne le seront point, le commandement appartiendra au plus ancien.

III.

Ils seront faire l'Exercice à leurs Soldats une fois le mois, un jour de Feste ou de Dimanche dans le centre des Parroisses qui composent leurs Compagnies, & ils le feront publier à l'issuë de la Messe Parroissiale huit jours auparavant.

TITRE V.

Des Parroisses sujettes au Guet & Garde.

ARTICLE PREMIER.

Toutes les Parroisses situées sur le bord de la Mer, ou à la distance de deux lieux dans les Terres, seront sujettes au Guet & Garde.

II.

Les Habitans desdites Parroisses seront destinez en general à faire le Guet & Garde ordinaire sur la Coste, dont toutesfois seront exempts ceux qu'on choisira pour entrer dans les Compagnies detachées.

III.

Les Habitans desdites Parroisses seront tenus d'avoir en tout temps chez eux un Fusil, une Bayonnette, un Porte Bayonnette, un Fourniment avec le cordon, une demie livre de Poudre, & deux livres de Balles, à peine de cent sols d'amende.

IV.

Il sera établi autant qu'il sera possible l'uniformité des armes pour les Milices Garde-Costes ; Et à mesure qu'il manquera des Fusils & des Bayonnettes, ils seront remplacez par d'autres qui seront du modele de ceux des Soldats de la Marine, & pris dans les Magasins ou Fabriques qui seront designez, aprés en avoir fixé le prix & fait les épreuves convenables.

B

V.

Il est deffendu à tous Huissiers de saisir pour dettes, mesme pour deniers Royaux, les armes & munitions cy-dessus, à peine de 50. livres d'amende, en laquelle en cas de contravention ils seront condamnez par les Officiers d'Amirauté, bien que les Actes & les Jugemens, en vertu desquelles les saisies auront esté faites, ayent esté donnez par d'autres Juges ausquels la connoissance en est interdite.

VI.

Ils auront soin de se trouver exactement aux Reveuës & aux Exercices, pour s'instruire de ce qu'ils auront à faire, tant pour le maniement des armes, que pour sçavoir les Postes qu'ils doivent occuper en cas d'allarmes.

VII.

Le Clerc du Guet tiendra le Rolle des deffaillants qui seront condamnez à l'amende par les Officiers d'Amirauté, laquelle amende ne pourra estre moindre que de dix sols, ni plus forte de quarante sols.

VIII.

Il sera de temps en temps fourni de la Poudre & des Balles aux Capitaines Garde-Costes pour exercer les Soldats à tirer au blanc, & il sera assigné des prix à ceux qui se seront distinguez par leur addresse.

IX.

Tout Soldat de Compagnie qui aura servi durant 20. années de guerre, & qui justifiera par des Certificats de ses Officiers qu'il s'est distingué dans quatre occasions, sera exempt de Taille le reste de sa vie, & s'il a servi 30. ans il aura son congé absolu.

X.

Les Parroisses sujettes au Guet & Garde seront exemptes de fournir des hommes pour les Milices de Terre.

TITRE VI.

Des Capitaineries & des Costes.

ARTICLE PREMIER.

Les Capitaineries seront divisées sur l'avis de l'Amiral de France, & des Gouverneurs ou Commandans Generaux dans les Provinces, par un Reglement qui determinera l'étenduë de chaque Capitainerie, & le nombre des Parroisses qui y seront nommées.

II.

Le Conseil de Marine sera chargé de faire visiter exactement & en détail les Costes de chaque Capitainerie par des Ingenieurs & des Officiers de Marine, pour observer & determiner les endroits où les descentes sont les plus aisées ou les plus difficiles, designer les lieux où en temps de guerre il faudra faire des retranchemens & des plattes-formes pour des batteries, marquer la forme desdits retranchemens, determiner les lieux où il conviendra d'établir les Corps-de-Garde, & des Magasins pour les Munitions qu'il y aura à distribuer sur toute la Coste en cas d'allarmes.

III.

Tout ce que dessus se fera avec le Capitaine Garde-Coste qui pourra donner ses avis, & en mesme temps s'instruire de tout ce qui regarde la deffense de la Coste qui luy est confiée, Il en sera dressé des devis doubles qui seront envoyez au Conseil de Marine, & ausquels sera joint le plan de la Coste & des Retranchemens, Batteries, Corps-de-Garde & Magasins qu'il conviendra d'établir, le tout signé par les Officiers & Ingenieurs qui auront esté commis pour faire cette visite.

TITRE VII.

Des Corps-de Garde, Plattes-formes & Magasins.

ARTICLE PREMIER.

Les Corps-de-Garde lorsqu'on en aura besoin seront construits par corvées des Parroiſſes de la Capitainerie où ils ſeront établis

II.

LESDITES Parroiſſes fourniront ce qui ſera neceſſaire pour la conſtruction deſdits Corps-de-Garde, qui ſeront faits ſuivant la nature des lieux de planches ou de ſolives, avec de la terre entre deux, & couverts de chaume ou autre matiere commune dans le Pays ; fourniront auſſi les Tables, Bancs, Chaizes, Rateliers & autres choſes neceſſaires, tant pour leſdits Corps-de-Garde, que pour les Plattes-formes, le tout ſur l'avis du Capitaine Garde-Coſte, au bas duquel ſera l'Ordonnance de l'Intendant de la Province.

III.

LES Corps-de-Garde & Batteries ainſi établis, ſeront conſignez en l'état où ils ſe trouveront, & avec un Inventaire de tous les Uſtenciles, à celuy qui y viendra commander & qui en demeurera reſponſable, juſqu'à ce qu'il les ait conſignez à celuy qui viendra le relever.

IV.

LORSQUE les Corps-de-Garde & Plattes-formes ne ſeront plus nececeſſaires, ils ſeront démolis par corvées des meſmes Parroiſſes qui auront eſté employées à leur conſtruction, Et toutes les pieces qui pourront ſervir une autre fois, comme piece de Charpente, Planches, Portes, Feneſtres & autres choſes ſemblables, ſeront tranſportées dans les Parroiſſes les plus voiſines, pour eſtre depoſées ou dans la Grange des Dixmes, ou dans les voutes de la Parroiſſe, & remiſes à la garde des Marguilliers, Syndies ou Conſuls qui en demeureront reſponſables ; Et ſeront faites leſdites corvées comme il a eſté dit cy-deſſus, ſur l'avis du Capitaine Garde-Coſte, au bas duquel ſera l'Ordonnance de l'Intendant : A l'égard des Corps-de-Garde qui ſe trouveront baſtis de pierre ou de brique, ils ne ſeront point démolis, les feneſtres & les portes en ſeront bouchées & les couvertures ſeront entretenuës.

V.

En temps de guerre les Magasins seront establis dans une ou plusieurs des Parroisses, d'où les Munitions seront plus aisement transportées par tout où il sera besoin, & seront à la garde des Marguilliers desdites Parroisses qui en seront responsables.

VI.

Il y aura des Corps-de-Garde establis le long de la Coste pour les Compagnies detachées, Et sur les hauteurs pour les Habitans destinez au Guet & à la decouverte.

TITRE VIII.

Du Service en temps de Guerre.

ARTICLE PREMIER.

Les Officiers des Compagnies detachées feront monter la Garde journellement dans les Postes, & par le nombre de Soldats qui sera reglé par le Capitaine Garde-Coste sous les ordres du Gouverneur ou du Commandant general de la Province.

II.

Il sera establi dans chaque Capitainerie des Signaux & des correspondances pour faire marcher les Compagnies dans les endroits necessaires pour s'opposer aux entreprises des ennemis, suivant les ordres du Commandant dans la Province, ou mesme du Capitaine Garde-Coste dans les occasions impreveuës.

III.

Tout Soldat de Compagnie qui ne sera pas rendu à son poste, ou qui aprés y estre venu quittera sa Compagnie sans la permission du Commandant, sera condamné à 15. jours de prison & à 20. s. d'amende, Et s'il quitte pendant quelque action, au Galeres perpetuelles.

IV.

Les Retranchemens estant faits ou restablis, le Capitaine

Garde-Coste assignera aux Compagnies ou aux Soldats les Retranchemens qu'ils y devront occuper, & cela dans le plus grand détail qu'il sera possible, afin qu'en cas de besoin les Postes se trouvent garnis sans confusion & sans retardement.

V.

Il sera fait une visite des Costes pour determiner les lieux où en temps de guerre il faudra establir des Retranchemens, ces lieux seront designez autant qu'il sera possible par des marques permanentes & aisées à reconnoistre comme un Arbre, Rocher, Fondriere ou autre chose pareille, & dans les lieux où il n'y aura pas de pareille connoissance, ils seront marquez par des pierres enfoncées en terre comme des Bornes ; ensorte qu'en cas d'allarme, sans avoir besoin d'Ingenieur ni d'Officiers fort experimentez, l'Officier Garde-Coste soit en état de pouvoir faire travailler à ces Retranchemens, sur les plans qui luy en seront envoyez du dépost du Conseil de la Marine.

VI.

Au lieu des Reveuës ordinaires de May & de Novembre qui se feront durant la paix, chaque Capitaine Garde-Coste en fera une durant la guerre à l'ouverture de la campagne avec tous les Officiers de sa Capitainerie, tant ceux des Compagnies detachées de Milice Garde-Coste, que de celles des Compagnies des Parroisses, pour regler les postes & establir un service bien reglé pendant les six mois de Campagne, dont il dressera un Estat qu'il fera approuver par le Commandant dans la Province.

VII.

Au commencement des mois de Juillet, Aoust & Septembre il visitera encore tous les postes, mais sans faire de Reveuë.

VIII.

Il sera fait une Reveuë generale à la fin d'Octobre, de mesme qu'au mois de May, afin de disposer & regler toutes choses pour l'Hiver.

IX.

Tous les Habitans des Parroisses sujettes au Guet de la Mer, qui ne sont point incorporez dans les Compagnies detachées, seront tenus de faire la Garde sur la Coste lorsqu'ils seront commandez, sous peine de 20. f. d'amende contre le deffaillant & de prison en cas de recidive.

X.

De ces Habitans non incorporez dans les Compagnies detachées, il sera formé une Compagnie dans chaque Parroisse dont le Capitaine, le Lieutenant & l'Enseigne seront choisis par le Capitaine Garde-Coste, qui leur donnera des Commissions, lesquelles seront visées par le Gouverneur ou Commandant dans la Province.

XI.

Le Capitaine Garde-Coste leur donnera les instructions pour les Signaux, tels qu'il jugera à propos de les establir, soit de feu, fumée, pavillons ou de coups de canon qui soient veûs & oüys d'un Corps-de-Garde à l'autre, & mesme repetez par chacun d'eux, pour avertir des mouvemens qui se feront, & des Vaisseaux ennemis qui paroistront.

XII.

Les lieux où on establira les Signaux seront les plus proches les uns des autres que faire se pourra, pour qu'ils puissent estre apperçûs plus aisément & rendus plus composez.

XIII.

Les Officiers des Compagnies uniquement destinées au Guet, seront chargez du soin de placer journellement les Habitans destinez pour les differens postes d'où l'on peut faire la decouverte, & de les relever par d'autres ; les postes aussi bien que le nombre des gens qui les doivent garder seront reglez par le Capitaine Garde-Coste.

XIV.

Lorsque par le moyen du Guet & de la Garde il aura connoissance des Flottes ou des Vaisseaux ennemis qui paroistront à la Mer, il en donnera avis au Commandant & à l'Intendant de la Province, de mesme qu'au Commandant & à l'Intendant de la Marine du Port le plus prochain, Et il observera que ces avis soient les plus détaillez & les plus circonstanciez qu'il sera possible.

XV.

Pour faire passer les avis avec plus de diligence & de facilité dans tous les endroits où il faudra les faire passer, il sera establi de Parroisse en Parroisse des Messagers à pied, qui seront à toute heure du jour & de la nuit en estat de faire passer d'une Parroisse à l'autre les paquets qui leur seront apportez; leurs payemens seront reglez & ordonnez par l'Intendant, aussi bien que les amendes contre les Parroisses en cas de manquement au service.

XVI.

Les Compagnies commandées pour les Retranchemens, Batteries ou autres postes, seront tenuës de se fournir de pain pour 4. jours, aprés quoi il leur en sera fourni aux dépens du Roy.

TITRE IX.

Du Service en temps de Paix.

Article Premier.

Dés que la Paix sera faite les Corps-de-Garde, Batteries & Magasins seront démolis par corvées, ainsi qu'il a esté dit cy-dessus, & tout ce qui pourra estre serré & transporté le sera dans les Parroisses voisines, & mis à la garde des Marguilliers, Syndics ou Consuls qui s'en chargeront par un Inventaire, & en demeureront responsables; A l'égard de ceux de maçonnerie ils seront conservez & entretenus comme il est dit cy-devant.

II. Il

II.

IL sera fait d'abord un Inventaire general par les Officiers d'Amirauté, de tout ce qui sera en estat d'estre transporté, Et à la confection duquel assistera le Capitaine Garde-Coste & ses Officiers, qui y signeront.

III.

IL sera fait trois copies de cet Inventaire, dont l'une demeurera au Greffe de l'Amirauté, la deuxiéme sera envoyée à l'Intendant de la Province, & la troisiéme au Capitaine Garde-Coste; la mesme chose sera observée à l'égard des Inventaires particuliers.

IV.

PENDANT la paix chaque Capitaine Garde-Coste sera seulement deux Reveuës, tant des Compagnies detachées que de tous les hommes des Parroisses qui composent sa Capitainerie.

V.

LA premiere se sera le premier jour de May, & la deuxiéme dans les premieres Festes du mois de Novembre; Et sera mesme retardée dans les Pays où les vendanges ne seront pas encore faites.

VI.

ON choisira toujours pour ces Reveuës un jour de Feste ou de Dimanche, elles se feront en presence des Officiers de l'Amirauté à l'ordinaire, ils en tiendront le Controlle dont ils envoyeront copie au Conseil de Marine, au Gouverneur ou Commandant dans la Province, & en garderont une copie à leur Greffe.

VII.

LES Capitaines des Compagnies detachées feront faire l'Exercice à leurs Soldats une fois le mois un jour de Feste ou de Dimanche dans le centre des Parroisses qui composent leur Compagnie, & le feront publier huit jours d'avance à la Messe de Parroisse.

C

TITRE X.

Des Officiers d'Amirauté.

ARTICLE PREMIER.

LES Officiers d'Amirauté connoiſtront conformément à l'Ordonnance de 1681. de tout ce qui a rapport à la Garde-Coſte, dont la connoiſſance eſt interdite à tous autres Juges.

II.

DANS les matieres qui regarderont la Garde-Coſte, leurs Sentences pour les amendes ſeront executoires, nonobſtant & ſans prejudice de l'appel, juſques à la ſomme de cinquante livres.

III.

IL eſt deffendu à tous Capitaines Garde-Coſtes de prendre aucune connoiſſance des Bris & naufrages, Echoüemens, Epaves & Varech, ſous les peines portées par l'Ordonnance de 1681.

MANDE & Ordonne Sa Majeſté à Monſ.r le Comte de Toulouſe Amiral de France, aux Gouverneurs & Commandans generaux dans ſes Provinces, & autres Officiers generaux employez ſous l'autorité deſdits Gouverneurs & Commandans dans leſdites Provinces; Comme auſſi aux Intendans & Commiſſaires départis dans les Provinces & Generalitez, de tenir la main chacun en droit ſoy à l'execution du preſent Reglement, lequel ſera leû, publié & affiché par tout où beſoin ſera. FAIT à Paris le 28. Janvier mil ſept cens ſeize. *Signé* LOUIS. *Et plus bas,* PHELYPEAUX.

Regiſtré, Oüy, & ce requerant le Procureur General du Roy, pour eſtre executé ſelon ſa forme & teneur, ſuivant l'Arreſt de ce jour. A Paris en Parlement le vingt-huitiéme jour de May mil ſept cens ſeize. Signé DONGOIS.

LETTRES PATENTES DU ROY,

Sur le Reglement rendu pour le Service de la Garde-Coste, le 28. Janvier 1716.

Données à Paris le 4. Fevrier 1716.

LOUIS PAR LA GRACE DE DIEU ROY DE FRANCE ET DE NAVARRE : A tous ceux qui ces presentes Lettres verront, SALUT. Nous avons supprimé par nostre Edit du mois de Janvier dernier tous les Offices de Capitaines generaux, Lieutenans generaux, Majors, Aydes-Majors, Commissaires & Archers Gardes-Costes, créez par Edits des mois de Fevrier 1705. Juillet 1707. Septembre 1709. & Avril 1713. Nous avons aussi fait un Reglement en datte du 28. du mesme mois au sujet de ce que Nous voulons estre observé à l'avenir pour le service de la Garde-Coste ; pour l'execution du quel Nous avons jugé necessaire de faire expedier nos Lettres Patentes adressantes à nos Cours, & d'y faire attacher ledit Reglement sous le contre-scel. A CES CAUSES, de l'avis de nostre tres cher & tres amé Oncle le Duc d'Orleans Regent, de nostre tres cher & tres amé Cousin le Duc de Bourbon, de nostre tres cher & tres amé Oncle le Duc du Maine, de nostre tres cher & tres amé Oncle le Comte de Toulouse, & autres Pairs de France, grands & notables personnages de nostre Royaume, Nous, en confirmant ledit Reglement en datte du 28. du mois dernier cy-attaché sous le Contre-Scel de nostre Chancellerie, l'avons autorisé & autorisons par ces Presentes signées de nostre main; Voulons qu'il soit enregistré en nos Cours, & executé selon sa forme & teneur.

SI DONNONS EN MANDEMENT à nos amez & feaux Conseillers les Gens tenans nostre Cour de Parlement à Paris, que ces Presentes, ensemble ledit Reglement, ils ayent à faire lire, publier & enregistrer, & le contenu en icelles garder & observer selon sa forme & teneur, nonobstant tous Edits, Ordonnances, Reglemens & autres choses à ce contraires, ausquels Nous avons dérogé & dérogeons; En témoin de quoy Nous avons fait apposer nostre Scel ausdites Presentes, CAR TEL EST NOSTRE PLAISIR. Donné à Paris le quatriéme jour de Fevrier, l'an de grace mil sept cens seize, Et de nostre Regne le premier. *Signé* LOUIS. *Et plus bas.* Par le Roy, le Duc D'ORLEANS Regent present. *Signé* PHELYPEAUX. Et scellées du grand Sceau de cire jaune.

Registrées, Oüy, & ce requerant le Procureur General du Roy, pour estre executées selon leur forme & teneur, suivant l'Arrest de ce jour. A Paris en Parlement le vingt-huitiéme jour de May mil sept cens seize. Signé DONGOIS.

POUR LE ROY. { *Collationné aux Originaux par Nous Ecuyer Conseiller-Secretaire du Roy, Maison, Couronne de France & de ses Finances.*